찔레꽃을 좋아하는 이유

국립중앙도서관 출판예정도서목록(CIP)

찔레꽃을 좋아하는 이유 : 채영석 시집 / 지은이: 채영석. --
- 대전 : 이든북, 2018
   p. ;   cm. -- (이든시인선 ; 014)

ISBN 979-11-87833-43-7 03810 : ₩9000

한국 현대시[韓國現代詩]

811.7-KDC6
895.715-DDC23   CIP2018008135

찔레꽃을 좋아하는 이유   이든시인선 014

채영석 시집

| 시집을 펴내며 |

    나지막하니 나 자신에게 읊조렸던 이야기를 써내다보니 어느새 민낯의 자서전 돼, 되레 나 스스로를 되돌아보게 되네요. 부끄러움이 깊어집니다만 소소한 감정을 속없이 쏟아낸 것이니 너그러이 읽어주시길 소원합니다.
    이 글이 세상에 나오기까지 아낌없이 응원해준 인화119안전센터 가족과 『도서출판 이든북』의 이영옥 대표님께 깊이 감사드립니다.

서천도서관 열람실에서
채 영 석

차례

시집을 펴내며 —————————— 5

제1부 늘 그랬던 것들에 관한 이야기

늘	13
미미한 바람	14
합격자 발표 날에	15
화양연화	16
기억 속의 기억	17
초심	18
첫 날	19
아이러니한 삶	20
119 전화 받기	21
술주정	22
넋두리	23
삿대질	24
그의 넋을 기리며	25
꽃잎이 지다	26
기약	27
아이들의 눈망울	28
고니	30
절절한 기도	31
어리석은 놈	32
바람개비	33
의형제	34

불춤 — 35
껍질 — 36
사월의 눈꽃 — 37
어느 새댁이야기 — 38
재빠름 — 39

제2부 찔레꽃을 좋아하는 이유

연인 — 43
소낙비 — 44
하루하루 — 46
첫눈이 흩날린 날에 — 48
바지랑대 — 50
요놈 거참 — 52
빗장 — 53
바다를 품다 — 54
잘 가고 있는가 — 56
개망초 — 57
서천도서관 은행나무 — 58
능소화 — 59
하늘재기 — 60
들녘 — 62
모종과 느티나무 — 63
그 숲에서 — 64

임피 남산 약수 ─────────── 65
빛깔의 바다 ─────────── 66
못난 심술 ─────────── 68
외산 도화담교를 지나며 ─────── 69
땡볕 ─────────── 70
질경이 ─────────── 71
바람결 같은 기쁨 ─────────── 72
우산 ─────────── 73
첫돌을 맞은 태양이에게 생긴 일 ──── 74
노오란 봉투 ─────────── 75
팔월 민들레 ─────────── 76
서천도서관 열람실 내에서 ─────── 77
찔레꽃을 좋아하는 이유 ──────── 78

제3부 나에게 묻다

천명 ─────────── 81
유혹 ─────────── 82
조급함과의 거리두기 ─────────── 83
무기력증 ─────────── 84
과유불급 ─────────── 86
나에게 묻다 ─────────── 88
스스로 이겨내기 ─────────── 89
시계추 ─────────── 90

낯선 용기	92
친절한 구급대원	93
자기부정	94
분명하게 말하기	96
도망치기	98
때늦은 후회	100
분별	101
슬기로운 축복	102
불편해보기	104
어설픈 풍문	105
불쾌한 모멸감	106
이웃사촌	108
체력	109
응급처치	110
고달픔	112
어느 부부	113
고독	114
절망	116
궁금하지 않은가	117
경련	118
눈길	120
숨바꼭질	121
초인적인 능력	122
어느 견공犬公	124
선의	126
고마움	127

제1부

늘 그랬던 것들에 관한 이야기

늘

예나 지금이나
나는
지금이 운명인 걸
손사래 치며
늘
운명을 기약하여
지금을 산다

미미한 바람

그 시작은 미미한 바람에서다
다람쥐 쳇바퀴에서 벗어나고픈 애절한 목마름
그럼에도 불구하고 제자리만 맴도는 시계추 같은 나
답답함으로 함몰된 회색빛 시간들
그래서였을까
그 즈음에 공무원 원서접수가 있었다
또래들이 원서접수를 위해 전주에 다녀온다 하기에
찰나로 뭔 생각이 들었는지
(아마) 콧바람이라도 쐬고 싶어서였을 거다
'같이 가자'고 건넨 건데
그게 운명인 걸 알지 못했다

합격자 발표 날에

바람 쐬러 따라나선 내가 행운을 얻었다
괜스레
그들의 운을 가로챈 듯하여
얼굴에 홍조가 가시지 않았다

화양연화

젊은 날의 운명공동체였던 도서관을 벗어났다
그 순간부터 그곳에서의 시간이
낙엽처럼 퇴색하여
바람 따라 흩어질지라도
모든 게 소소한 희노애락喜怒哀樂으로, 또 다른 기쁨으로
다시 피는 축적된 시간, 화양연화가 되다

기억 속의 기억

그때는 몰랐다
삶은 미련하여
미묘하게 얽히고설킨 삶의 실타래를
멋스럽게 풀어내질 못한다는 걸
늘 그러했듯
한참이 지난 후에야
농익게 그려내는 기억 속의 기억에 더 놀랍고 감탄스럽기까지 하다
지금이 중할까
기억 속의 기억이 중할까
어쨌든 사람 사이가 즐거워야하지 않겠는가, 그러지 않으면
스스로 놀라고 감탄할 기억조차 존재하지 않는다

초심

"두메산골에서 혼자 근무하라 해도 들어오겠나?" 면접관이
묻기에 나는
　한 치의 망설일 것 없이 "예!" 하며
　나의 소리를 냈다
　언제 어디서든
　뭔 일이 됐든
　물불 가리지 않고 덤비는 게 소방관인데
　그땐 그것도 모르고 호기롭게 답했던 것이
　오늘의 운명으로 새겨졌다

첫 날

생소함이 깃든 낯섦으로
몸이 먼저 긴장하여 시나브로 마음이 조였다
빨갛게 색칠된 소방차일 뿐인데
마치 호랑이라도 본 양
거기에 있는 것조차도 떨렸던 기억이 생생하다

아이러니한 삶

아픈 데가 어디인지조차 알 수 없는 표정
주름진 그늘
깊게 패인 근심
싸늘한 공기
이 애처로운 상황에 갇혀 그녀
인도에 앉아 있다. 거길 지나는
바지자락 부딪치는 찰진 마찰음이 있었다
그런데도 그녀는 혼자다
(……)
'119입니다'
'어디가 아프세요' 하는 손길이 그녀를 향했다
그 이후로 나는
아이러니하게도 아파야 만날 수 있는 사람이 됐다

119 전화 받기

얼마나 막급했던지
"우리 집 불났어요!"
그 말만 남기고 전화는 끊어졌다
아! 어쩌란 말인가
어디인지 알아야 출동을 하는데…
한숨이 정점에 다다른 찰나에
모든 119전화선에 발갛게 등이 다 들어왔다

술주정

기분 좋아 마셨다고
친구하듯
말을 건네는 당신에게
나는 별 말없이 듣기만 하지요

혼동과 혼란이 뒤섞인
삶의 서러움을
한껏
게워내는
내내
나는 별 말없이 듣기만 하지요

끝내는
안부 묻듯
고생 많다고 말하면
나는 '고맙습니다!' 하며 수화기를 내려놓지요

넋두리

젊은 신규 대원이 들어오면 저절로 기분이 좋아지는가 보다
발걸음 멈춰 서서
말을 건네는 늙다리 아저씨
"뭐하다 왔어?"
"공부만하다 왔어요!"
"그럼 직장생활은 여기가 처음이겠네?"
"네"
"여기도 사람 사는 곳이야! 너무 긴장하지 마러"
그랬던 늙다리 아저씨가 나의 사수가 됐다
술 한잔하는 날에는 당신의 젊었던 시절을 투영하듯
이래라 저래라 그래야 예쁨 받는다고 잔소리 늘어놓다가도
와락 끌어 안아주는 것이 여간 낯설었는데
나도 그 나이 돼 보니
몇 마디 신신당부보다 한번 안아보는 것이
얼마나 짙은 정이 되는 줄… 그땐 몰랐다

삿대질

어느 교통사고 현장에서
다친 사람을 응급처치 하느라 분주한데
이를 먼발치에서 지켜보던 사람이
괴성을 지르며
허공으로 뻗치는 손짓
살모사처럼
옴짝달싹 못하게 이 몸을 휘감듯 도사렸다
뭐하자는 짓이었을까
오만가지 감정에 휩싸여
허둥지둥
거길 벗어나느라 급급했다

그의 넋을 기리며
— 순직 소방관 김인철을 추모하며

그의 상여가 소방서를 떠나는 순간
돌연, 온몸을 후비는 걷잡을 수 없는 아픔
이를 달래보겠다고 에둘러 터진 눈물이란 놈이
지 몸만 식힐 뿐, 그를 붙잡진 못했다

시야에서 흐려져 간 뒷모습에
아로새긴 이름만큼이나
갓 핀 새순처럼
방화복 입고
공기호흡기 메고
낯선 공기로 숨을 고르며
관창을 생명처럼 사수했던 전율의 순간들
이게 씻기지 않을 넋으로 남아
그의 귀천을 붙잡았다

해망동 갯바람을 품에 안고
흐드러지게 핀 월명산 벚꽃처럼
나는 기억속의 기억을 유영하여
그가 남기고 간 넋을 추억하며
칠월 십구일을 기린다

꽃잎이 지다

가여웠다 그녀
화염이 광풍 돼 휩쓸며 사방을
삼켰을 때, 인형처럼
맥이 미동하지 않았다

한 생명을 앗아간 화마는
잘못했다거나 미안하다는 말 한마디 없이
젊디젊은 앳된 꽃잎을 흩날려놓고
어디론가 숨어버렸다

이 억울함을 어디에 하소연할까나

그날 후로
가슴 저 깊숙한 곳에 그녀가 산다

기약

여기에서도
어쩌다 한번쯤은
창살 없는 구속에서 벗어나
실오라기 하나 걸치지 않는 자유
단비처럼 만끽하고 싶어라

기약 없는 기다림 속에
들불처럼 타올라
삽시간에 광풍이 되는 삶에서 벗어나
실오라기 하나 걸치지 않는 자유
단비처럼 만끽하고 싶어라

오늘도 내일도 하루하루가 별 일없이
편안한 밤이 되어
이러다가 다른 일을 알아봐야하는 것이 아닌가 하는
이유 아닌 이유로 즐거운 비명이라도 질러야 할
세상이 먼 얘기로 남아있지 않기를…

아이들의 눈망울

불 끄는 차
아프면 달려오는 차
높이 올라가는 차
보러
아이들이 소방서에 왔어요

고사리 같은 손
가지런히 모아
머리가 땅에 닿을 듯
배꼽인사를 하네요

나도 따라
손 반듯이 모아
머리가 땅에 닿듯
배꼽인사를 했네요

아이들이 온 날은 나도 모르게
그들의 해맑은 눈망울에 빠져들어
티 하나 없는 미소와

솜털같이 가벼운 몸놀림으로
지긋하고 늠름한 소방관이 되요

이 모든 게
나 스스로를 더 깜짝 놀라게 해요

아마도
아이들의 순수한 눈망울이
나 스스로를 거듭나게 했나 봐요

고니

조그마한 방죽 안
우아하게 노닐던 고니
뭔가에 화들짝 놀라
바람을 일으키듯
날아오르는 장면이 장관이다

그러한데 한눈에 봐도
가뿐이 날아오르는 게 아니었다

여느 작은 새의 급박한 파닥거림이 아닌
땅을 박차고 뛰어오르듯
숨찬 날갯짓으로 바람을 모으듯
긴 활주로를 사력을 다해 달음질한 후에야
일렁거리는 물살에 반짝이는 윤슬처럼
아름다운 빛깔 흩날리며
찬란하게 비상했다

절절한 기도

새가 바람을 탄다
날개는 바람을 안고 창공을 난다
대지에 닻 내릴 때까지
허공에 떠서
바람을 온후하게 어르고 달래가며
비행의 균형을 잡아 난다

외줄 타는 사람도 바람을 탄다
양팔은 바람을 안고 창공을 난다
건너편에 닿을 때까지
외줄에 서서
바람을 온후하게 어르고 달래가며
몸의 균형을 잡아 건넌다

소방관도 바람을 탄다
절절한 기도 하나에 의지하여
스스로를 어르고 달래가며
막연한 그 불길을 거닌다

어리석은 놈

제 뜰에 핀 민들레라
눈에 넣어도 아프지 않을 듯
어여뻐서
외래종인지
의심 한번 안 해봤다니
이게 말이 돼

바람개비

바람개비가 날갯짓하는 게 바람 탓이겠는가
자세히 볼 것도 없다네
저놈은 날려고 태어난 놈인 게!

의형제

어마어마하데
뭔 불이 눈 깜짝할 사이에 돌았는지 몰라
조금만 늦었어도 내가 여기 없지
나오라는 소리 듣고
정신없이 빠져나오자마자
불이 확 돌데
천만다행이지
누가 소리쳤데?
누군 누구야~ 이 형님이지
긍게 앞으로 이 형님한테 잘해
옆에 딱 달라붙어서 떨어지지 말구, 알았지!
이런 일을 겪은 날이면
어김없이 형님이 한명 생긴다
이미 형제인데도 그러했다

불춤

아따! 불 잡는데 욕봤네
이런 놈은 처음 봤어
아니, 물줄기 따라 불이 춤추데
어찌나 깜짝 놀랐는지
돼지란 놈이 요술을 부려서 그래
그놈이 싼 메탄가스가 보통이 아니라니까
한데, 어찌 폼을 쓸 생각을 했데, 아주 기특해
폼 한방에 훅 가데

* 폼(소화약제)

껍질

현장 상황이 급변하여
정신이 아찔해지는 순간을
더러 겪는다

그래서인지
여기서는
호랑이 굴에 들어가도 정신만 차리면 된다는
이 속담이 수다꺼리다

누구 할 것 없이
위기상황에서 처절하게 발버둥 치어
벗어났던 기억 하나쯤은 다들
가슴에 고이 간직하여 산다

사월의 눈꽃

아침에서야
창밖에 핀 벚꽃을 봤네요.

한 그루의 벚나무는
한결같이
거기 그대로 있었음에도
오늘처럼
반가워
낯꽃 피우기는 처음이네요.

사무실 2층 창밖에는
하양 눈이 수북이 가지에 눈부시게 걸터앉아
햇살을 부끄럽게 하네요.

나는
창밖에 눈이 내렸다고
외마디 외치곤
혹여나 시샘에 찰나로
사라질까 봐
침묵했어요.

어느 새댁 이야기

불끄다보면 다 그렇게 되는 것이지
그걸 몰랐다냐
괜스레 마음만 착잡해진다야

어느 새댁이 한 말을 가지고 우리끼리 나누는 얘기다.

화재 출동했던 신랑의 얼굴에 그을음이 덕지덕지 묻은 데다
몰골은 비에 젖은 생쥐 꼴인 걸 보고
저리도록 미어져오는 오감이 터져 글썽이는 눈물 앞세워
"지금, 이 일 그만 두면 안 돼!" 했다는데

나는 이 이야기가 묘하게 뼈 속까지 찡한 울림으로 스며들어
이를 되뇌며 내 곁에 있는 당신도 수만 번 그랬을 그 애린
오감을 가슴 한구석에 아름답게 꽂아뒀다.

재빠름

여기에서의 삶으로 인해 스스럼없이
몸에 달라붙은 게 다름 아닌 "재빠름"이다
이게 시도 때도 없이 불쑥 나와
당혹감에 빠질 때가 많다
이게 왜 몸에 뱄을까
거기에 생명이 걸려있기 때문이다

제2부

찔레꽃을 좋아하는 이유

연인

조용히
깊숙한 곳에 보풀이 이는 걸 보니
그리움이 터져 나왔나 봐요

싸락눈이
함박눈으로
애틋하게 쌓여가듯
층층이
겹겹이
당신이 하늘거리며 내려앉네요

이런 날에는 나는
하는 일을 멈추고
당신인지
눈송이인지
넋을 놓고 멍하니 바라보게 돼요

소낙비

소낙비를 만났습니다.

구름이 끼더니
삽시간에 먹구름 돼 몰려와
옴짝달싹 못하게
소낙비 된 비구름에 갇혔답니다.

이놈이 예고된 게 아니어서
흠칫 놀라
도망치려 허둥지둥했답니다.

그런 후에야
머리카락에 내려앉은 빗방울이
미끄럼을 타고 내리듯
가슴까지 젖어갈 때쯤에 알았답니다.

나 자신도 이놈에게 허우적거리며
갈피를 잡지 못한 모습을 말입니다.

이제서야 두 팔을 들어
더 반기듯
더 즐기듯
이놈을 헤집고 다녔답니다.

나름 이게 소소한 감정을 충만하게 해줬나 봅니다.

우리의 삶도 이러할 때가 많답니다.

더 반기고 즐기지 못하는 삶은
처절하리만큼 허탈한 자괴감에 빠진 일상일 따름이랍니다.

당신에게 주어진 오늘 하루
말문이 막힐 기막힌 예쁨으로 채우시길 바라봅니다.

하루하루

지난 하루하루는 존재의 시간으로
어떤 의미가 되어줄까.
흔적 없이 흩어진 듯 보였을 하루일지라도
가슴은 항상 뛰었고
마음은 늘 간직하려 했으며
몸은 매순간순간 어찌 할 바를 몰라 했던 걸
부끄럼 없이 떠올리네요.

그러하였음에도 역시나 오늘
하루를 허둥지둥 갈피를 잡지 못한 듯
그렇게 지난 시간으로 흘러 보내고 있는
나 자신을 만나네요.

그래서인지
지난 하루는 스스로 까칠한 이따금 단맛 나는
고행쯤으로 여기며
스스럼없이 즐기기도
때로는 무던히 악다구니하게 괭이가 배이도록 채찍 했던 걸
금세 기억해내네요.

이 와중에도 항상 더디게 늙어가길 소원했으며
모질게 한없이 삶을 채찍해대며
하늘이 아름답길 바라기보다는 우아하게 바라보는 걸
더 좋아하고 즐겼다는 걸
가끔은 벅찬 세상을 향해 쌍욕을 해줬던 걸
주마등처럼 자랑스럽게 떠들며
상쾌하거나 유쾌하게 웃었던 하루가 많았다는 걸
이게 모여 한해의 소소한 얘기로 엮어냈네요.

그 속에서 삶의 의미를 되찾으며 스스로 그윽하니
좋은 향기 자아냈으니
감사하고 고마운 마음 가득 담아 하루하루를 사랑하게 됩니다.

첫눈이 흩날린 날에

12월 3일 첫눈이 흩날리더니
저도 민망했던지
게눈 감추듯 하늘이 말끔해졌다.

아파트 양지바른 뜰에 있던 철쭉이
꽃망울을 터트렸다.

이게 가슴을 애달게 해
발걸음이 떨어지지 않아
물끄러미 넋 놓았다.

삭풍이 비켜가길 바라는 게
가당치도 않다는 듯
살이 에이는 할큄이 찰나로 스쳐 지났다.

이게 봄꽃일까

애틋하거나 안타깝거나 안쓰럽거나 이도 아니면
따뜻하거나 기쁘거나 반갑거나

그러길 바라는 듯 그녀가 내게 말을 건넸다.

첫눈 흩날리는 날에
가슴이 어찌할 줄 몰라 하는 그 꽃이 폈다.

바지랑대

시골마당에 바지랑대가 있다. 빨랫줄은 자신이 금 긋기를 하는 줄도 모르고 바람이 불어오는 데로 불어가는 데로 나풀대지만 그게 고작 도토리 키 재기만큼의 아주 먼 거리일 뿐, 그런데도 세상을 다 돌아다닌 양 의기양양 어깨를 쭉 편다. 덩달아 꼭지에 앉아 있던 잠자리는 잠자다가 날벼락을 맞듯 쫓겨나는 서글픈 꼴이 됐으니 되레 어찌할 줄을 몰라 하는 바지랑대 속이 더 시끌시끌하다.

그게 뿌리였을까. 뿌리일 리가 없는데 뿌리로 안 바지랑대는 더 깊이 깊숙이 뿌리를 내리는 중이었는지 모른다. 그래서였을까. 나뭇가지가 움직이듯 빨랫줄에 머무는 바람 따라 어깨가 들썩거렸다가 이내 제자리로 돌아와 다소곳이 하늘을 바라보는 게 여간 단아하고 스스럼없는 몸짓이어서 결코 천박할 수 없는 고독이 느껴졌다.

다시 잠자리가 내려앉는다. 바지랑대 꼭지에도, 빨랫줄에도 앉아, 그런데 다들 곡예사라도 된 듯 바람 따라 날개를 하늘거리며 춤을 춰댄다. 대지 깊숙이 뿌리내린 바지랑대 덕분에 빨랫줄이 옴짝달싹하지 못한다는 걸, 미물인 잠자리도 알아챘다. 나의 뿌리는 깊게 내린 것일까. 궁금하다. 혹여 위로만 웃자라진 않았는지 걱정이 앞서니 말이다.

요놈 거참

먼데서도 훤한데
거기서 그놈 좀 죽여 보겠다고
찔끔찔끔 뿌려대는 소방관의 심정은 어쩌겠소!
한참을 어찌어찌 하다보니 그놈도 사그라져, 요런 밤에는
거참
요놈이 지 몸 불 끄려고
스멀스멀 팽팽
지가 불장난 한 게 아닌데도 요놈은
지가 불장난 한 줄 알고 한참을 지랄 떤다

빗장

비란 놈은 갈 데가 없다, 없다면서
아무데나 주저앉는 낙장불입의 대가인데 이 또한
뜬금없이는 울지 않는 풍경처럼
애끓는 그리움
숨길 길 없어
갈 데가 없다는 옹알이가 다 거짓 같다.

바다를 품다

 그 산기슭을 지나 이 동네 저 동네를 흠뻑 적셨을 물길이 길산 천川을 따라 싹이 덜 자란 들녘으로 휘돌며, 꼬불꼬불 흐릿해져간 꼬랑지와 맞닿아 뭉게구름 피어오른 하늘의 끄트머리에 먼 산이 눈썹처럼 걸렸다. 그 둔덕길 마디마디마다 곧고 기다랗게 쭉 뻗은 농로가 바둑판처럼 펼쳐져 있는 곳에 어김없이 수문이 열려져 있다. 하늘을 채운 맑은 빛깔 속에 어둠이 숨어든 농수로 구멍으로 물이 흘러들어간다.

 거기, 어찌 가슴이 멈칫할 거친 한탄이 들릴까요, 전혀 듣지도 보지도 못한 격렬한 몸싸움 속에 목구멍을 타고 넘지 못하는 절규의 쉰 쇳소리처럼 들린다. 이게 물을 빨아들이는 소리라는 걸 눈으로 보기 전까진 결코 알아들을 수가 없는, 자연 속에서는 들어본 적이 없는 울분이 짙게 드리워진 울림으로써 요란스러우면서 격렬하게 그러한데도 끊어질 듯 끊어질 듯 쉼 없이 이어져 귀에 닿는다.

이게 놀라움으로 다가오는 건 거기 쪼그려 앉아 자세히 살피며 듣다보면 찰나로 깨닫게 되는 절망과 같은 어찌할 줄 몰라 하는 감정 때문이다. 이 소리는 공기들의 아우성일 뿐, 혼돈의 소용돌이에 빠져 허우적거리는 물풀처럼 공기가 뒤틀린 고통의 소리를 지르는 중이다. 좁디좁은 용수로를 애써 지나려는 몸부림이 부른 이 울분의 울림에도 나는 절망으로 절규하지 않았다. 현실이 더 절망적이니 그러했다. 들이 타들어간 듯 잎사귀마다 노랗다.

　어슬렁거리며 유유자적하듯 그 물길을 유랑하던 지푸라기 하나가 빨려 들어갈 듯, 금세 사라질 듯 그런데도 제자리만 맴도는 그 용수로 소용돌이를 보는 순간, 아! 그랬구나! 하나의 길을 내어 가는 중이었구나! 생명이 들 숲에 있다는 걸 익히 알고 있는 듯 그 숨구멍으로 물길을 내고 있었던 거다. 들녘이 푸르게 파랗게 새잎 돋아나도록 그 손길이 그리로 향하는 중이다. 이것이 들녘을 적시는 실개천의 숙명인 듯. 물길이 굳이 바다만 꿈꾸거나 강을 향해 내달릴 일만 아니었다.

잘 가고 있는가

 저 물길은 지 몸보다도 더 큰 산을 한입에 삼키더니 도도하게 흐르고 흘러 휘도는 굽이굽이마다 세상의 티끌을 닦아내고 닦아내 물길 닿는 곳마다 금빛처럼 반짝이는 잔물결의 쉼터인 작은 뜰 같은 모래밭을 낳는다. 이 잔물결 따라 하늘로 펴져가는 윤슬에 눈을 뗄 수 없는 경이로움이 가슴에 닻 내려, 아기라도 된 듯, 때 아닌 탄성이 터져 나온다. 아! 무심한 듯 무심하게 서둘러 길을 나서는 잔물결은 삽시간에 사라지고, 어느 산그늘에 다다라서야 흐르지 않는 듯, 멈춰선 듯 물결조차 없는 고요한 칠흑 같은 정적이 존재할 뿐이다. 고즈넉한 그 산그늘에 있노라면 실개천이 얼마나 얇았는지, 개울의 물살이 얼마나 빨랐는지, 정신없이 뭘 향해 왔었나를 되묻는다. 그러면서도 길을 내면서 달려온 길이 아니었음에도 자신에게 또 하나를 묻게 되는 건 "잘 가고 있는가" 이다. 이 또한, 바다에 다다른 뒤에도 삶의 굴레처럼 묻게 되는 사람의 의구심이 아니겠는가. 지금, 진정 잘 가고 있는가.

개망초

개망초야
너는 민초가 뭔지 아냐
스산한 바람이 불어와도 거기에 있는 거
겨드랑이를 간지럽히는 산들바람에도 거기에 있는 거
짓밟히고 짓이겨져 허리가 접히고 모가지가 꺾이어도 발 동동 구르며 거기에 있는 거
언 땅에 눈발이 수북이 쌓여 밤새 끙끙 앓아도 거기에 있는 거
저 들판을 가로지르는 실개천에 숨구멍이 막히어도 거기에 있는 거
그래서 그래서
거기 주인이 누군지 모르는 이, 없게 하는 거
그것이 민초란다
개망초야
민초처럼 그렇게
너는 거기에 있구나!

서천도서관 은행나무

서천도서관 은행나무 가지에
번들거리는 빛깔
초롱초롱
조그마한 열매가 다닥다닥하다
읍내에 있는 작은 도서관, 아주 소박한 유희
책을 빌리려, 가끔 간다
오늘, 너무 더워
아이스커피 한 잔 들고
열람실 들어섰다가
사서님의 눈빛이 짜릿하여 아이같이
자동으로 발이 멈칫거렸다
음료수는 안 됩니다 아시죠?
이왕 여기까지 발 들어놨으니 저기
앉아 드신 후 열람해주세요 나는
미안한 낯빛 가득, 애가 된 어른 몸으로
거기 앉아
시원하게 목을 축였다

능소화

여름이 따갑습니다 그러한데도
어엿하니
품위를 잃지 않는
참으로 어여쁜 당신,
일평생 닮고 싶어
오래도록 바라봤습니다

하늘재기
― 미련스러운 놈

시골집 마당에는
번들거림이 사라진 지 오래된
대나무 바지랑대가 주인장처럼 서있다

낡고 다 닳아버린 힘줄 같은
빨랫줄이 마당 한가운데를 가로지를지라도
그 바지랑대 덕에 어깨에 어깨를 견 듯 꼿꼿하다

어릴 적에 나는
가느다랗게 실눈을 떠가며 그걸로
하늘재기를 미련스럽게 하곤 했다

그날은 마당재기를 했다가
토방재기를 해봤다가
곁에 있던 형을 쟀다가 거기서 멈췄다

땅꼬마가 된 엄마

나는 손에 든 걸 어디 둘지 몰라
에둘러
하늘재기를 했다 여전히 미련스럽게

그때
포근히 안아드렸으면 좋으련만
따뜻이 주름진 손등을 어루만져 드렸으면 좋으련만
왜 그리하지 못했는지 오늘도 후회가 가시지 않는다

들녘

우리 동네 앞이 들녘이오
그 빛이 하늘색을 닮아 청푸르다오
남녘으로부터 바람 불어오는 날이면
하늘거리는 잎사귀마다 청푸른 윤슬이 눈부셔 거기에
별들이 사는 줄 알았다오
혹여나, 들녘의 끄트머리에
천연덕스럽게 솜사탕 하나
뽀송뽀송 필 때면
가슴이 아찔해져
"정녕, 이 세상은 어디서 온 걸까"하며 철학자가 된다오

모종과 느티나무

　멀리서라도 한번쯤 찾아와, 쉬었다갔을 법한 모종이 마을 첫머리에 있다. 그 옆으로 백년은 족히 넘어 보이는 느티나무가 잎사귀마다 너그러움을 수태한 듯 짙게 그늘을 드리워서 좋다. 그 나뭇잎 사이사이로 틈을 비집고 부끄럽게 내려앉는 햇살이 멍석이 깔린 토방에 때굴때굴 구르며 오후를 즐긴다. 무수한 발에 채인 듯 낮을 대로 낮아진 문턱을 가진 조그마한 동네가게가 다소곳이 거기에 있다. 그러한데도 근래에 들어서는 인기척이 아예 끊겼다. 어른도 아이도 들리지 않는다. 외딴섬이다. 모종 구석진 곳에 얽히고설킨 거미줄만이 나의 옛 기억을 붙잡고 있어 서글프다.

그 숲에서
— 그 가벼움에 관하여

눈송이는 하염없는 허공에 떠
휘어청 휘어청
아주 작은 바람에도 화들짝 놀란 나그네처럼
주저앉을 줄 몰라
그 숲을 맴돈다.

대나무는 덧없는 허공을 향해
휘어청 휘어청
아주 작은 바람에도 소스라치게 놀란 아이처럼
투정이 멈출 줄 몰라
그 숲을 깨운다.

솜털 같은 눈송이에도
새침한 옹알이도 없이 그 숲은
제 살을 내준다.

하얀 숲길에서 걸음을 잠시 멈추노라면
스스로 흠칫 놀라게 되는 건
숙연한 정적!
그 숲을 조용히 잠재운 눈송이
정말 가볍다고만 말할 수 있을까.

임피 남산 약수

임피 남산 약수터 오줌발이 세졌다
어제까지만 해도 구기자만한 고추로
용을 써대더니
비아그라라도 쓴 듯 쫄쫄
어릴 적에 게걸스럽게 놀던 형들이
힘 약한 우리 세워놓고
오줌발 싸움을 시켰는데
까닭도 모르고 오줌을 뒤집어썼던
그 개구리는 어찌할 줄을 몰라
울지도 못하고 세상 탓만 했으리라
"세상이 말세라고"
헌데 나는 물맛이 좋다고 화색 중
남산 약수는 내 몸속을 속속들이 들여다보며 깐죽대는 중이겠지?
왜 이리 생겼냐고!

빛깔의 바다

좁고 가냘프게 이어진
고샅길을 걷다가
어느 담장에 기대어 핀 능소화 만나
잠시 발걸음 멈춰놓아요

무심히 지나더라도 어깨를
툭 건들 듯하여 되려
고개를 돌아보게 돼 참으로
의아한 끌림인 듯싶어요

정처 없는 바람이
익살 익는 햇살이
보이지 않는 요정의 속삭임이
은은한 나의 눈길까지 닿아
오묘한 때깔로, 찰나로
사랑에 빠진 빛깔로
다시 수태되는 걸 알게 돼
활짝 핀 능소화의 함박미소가
어여쁘기 그지없네요

오늘에서야
마음이야말로 빛깔의 바다란 걸 알아챘네요

못난 심술

사무실 조그마한 뒤뜰이 시끌벅적하다
그늘진 바람과 햇살 그리고
눈길조차 주지 않는 소란스러운 발걸음이 늘
무심히 스쳐지나가는
한 배미도 되지 않는 땅덩이에 살아보겠다고
나그네처럼 민들레가 가냘프게 햇빛 닿는 곳에 찾아들더니
민초처럼 질경이가 짓이기고 짓밟혀도 꿋꿋하게 눌러앉더니
급기야
강아지풀 이파리가 곧추세운 채
하늘을 향해 삿대질하는 지경에 이르러서야
이름 모를 잡초들로 틈 없이 서걱거렸다
어느 보슬비 내리는 날에
창턱에 걸터앉아 청승떠는 청개구리 울음소리에
심보 터진 고양이처럼 한 사람이 심술 나
앙칼진 살쾡이에 닭털 뽑히듯 그곳
살벌하게 도륙 당한 엉뚱한 땅이 됐다
정녕, 이래야했을까
개도 안 물어갈 이놈의 심술
못났다 못났어

외산 도화담교를 지나며
— 수몰된 마을이야기

웅천천이 흘러내리는 도화담교를 지나 직진을 하다보면 옛 길 하나가 평행하게 발맞춰 가다가 찰나로 물속으로 사라지며 잔물결이 뭍에 닿는 걸 보고 적잖이 놀랐다. 그 길이 왜 사라졌는지를 어렴풋이 짐작할 뿐, 그 사연을 알지 못한 채 무던히도 그 길을 오갔다.

가뭄이 심해진 어느 봄날에 시골버스가 고즈넉이 다녔을 법한 구불구불한 길이 세상으로 나왔다. 웅천천이 실개천이 돼 들녘을 휘감듯 흐르다 굽이진 그곳, 마을이 있던 터를 여전히 껴안고 도는 게 낯설지가 않았다. 어느 누구나 마을의 수호신으로 여겼을 수양버드나무는 여전히 하늘빛에 하늘거리며 그 그늘 아래로 송사리 떼를 불러 모아 버들피리소리를 들려주며 오후를 즐기는 듯했다.

거기, 실개천이 닿는 끄트머리에는 뭍으로 향하는 물결만이 하염없이 옛 이야기를 들려주는 듯 메아리쳤다. 먼 옛 얘기가 아닌, 결코 삭혀지지 않을 아린 그 울먹임이 애잔하니 잿빛 돼 아미산자락을 서럽도록 울렸다.

땡볕

하루 내내
무더위에 갇혀
축 처진 대지
잎사귀는 맥없어 번들거리지도 않고
등짝을 서핑하듯 내려오는 땀줄기
미풍이라도 불어줄까 하고
웃옷밑단을 펄럭거렸다가
궁뎅이로 숨어버리는 여름이
징허다고 생각하여
손으로 허공을 부채질해봤다
좀 식으라고

질경이
보면 알 수 있게 되는 것에 대하여

바퀴자국이 선명하게 찍힌 둔덕길 한가운데에
찢기어진 잎사귀를 가진 그 풀

그의 앞에 서서
당신은 당당할 수 있나!

무던히 때로는 무심히
밟히고
되 밟혔어도
끝끝내 꽃망울 티트린 그 풀

가까이 보면 볼수록
아물지 않을 진물이 괸 상처일지라도
모질게 이겨낸 당신의 질곡을 빼닮은 듯
도렷하게 그 꽃이 폈다.

바람결 같은 기쁨

닳을 대로 닳은 지폐 한 장이
어데 가지 않고
내 주머니 속에 산다 이것이
쥔 것 없는 자의 묘한 위안 돼
들락날락하여
봉창이 늘 촉촉하다 그러다가 이게 손맛 돼
마치, 달달하게 애무하듯 족함을 즐긴다

우산

오늘은 뭘 쓸까 생각하다가 요리저리 빠져나가는 생각들을 붙잡는다는 게 우산이네요. 햇볕을 가려주는 걸 양산이라고 하는데 우산이 양산이 되어 줬을 때의 고마움은 이루 말 할 수 없이 커지지요. 비오는 날에는 우산에 얹어진 하늘이 과히 무겁지 않아요. 더 가까워진 하늘인데도 그렇네요. 아마도 우산의 영토만큼만 하늘이 내려와서 그런가 봐요. 가끔씩 빗방울 소리가 청아하게 들렸다가 묵직한 오케스트라의 울림처럼 퍼져오기도 하지요. 요럴 때는 몸이 먼저 자연스럽게 힘을 써대는 것이 여간 놀랍네요.

그런데도 하늘이 가까워졌다는 걸 알 수 있어 좋아요. 평지에서 하늘 위를 걷는 기분을 이때 아니면 만끽할 수 없으니 나름의 기쁨으로 느껴져요. 어느덧 곧 멈출 듯, 드문드문 우산에 닿는 맑은 울림에 몸이 자연스럽게, 때로 야속하리만큼 눈치 빠르게 하늘이 멀어져가는 걸 알아채니 더 놀라게 돼요.

첫돌을 맞은 태양이에게 생긴 일

2017년 8월 29일 돌상머리에서 처남이
모두 다 들으시라며
'태양이가 천재인 것 같다'고 천명했다.

나는 뭔 일 있었냐고 묻지도 않고
'그래, 태양이 천재다'고 맞장구 쳐줬는데

이를 두고 안사람이 자식자랑은 팔불출이나 하는 거라며
가까이에 팔불출이 있는 줄 미처 몰랐다는 둥

나는 껄껄 웃으며 우린 이미 팔불출이었다네
우리 애들도 그만한 때 얼마나 예뻤던지
그러한데도 뜨거워진 낯으로
태양이를 부럽게 바라봤다.

오늘에서야
넘치는 사랑은 존재하지 않는다는 걸 생채기 했다.

노오란 봉투

노오란 봉투는 저무는 노을빛을 닮아
애잔하여
눈을 뗄 수가 없다
늘 울타리에 걸리는 운명
함부로 버려질 수 없는 운명
바람과 비 그리고 햇볕만이 홀연히 데려갈 운명
무덤덤하게 잊혀져갈 운명
그 집, 울타리에 비석처럼
샛노란 봉투가 걸릴 때 나는
또 누군가 하늘로 돌아가셨다는 걸 알았다

팔월 민들레

팔월에 민들레 노랗게 핀 게
뭔 대수라고
이렇게 안절부절하여 시를 쓰네요 요놈처럼
사랑, 미쳐야 사랑이지 하면서도
이게 사랑인가 하는 생각도 드니
알 듯 하면서도
알 수 없는 게 사랑인가 봐요 그러한데도
사랑이 미쳐야
확 미쳐야
부끄러움을 이겨낸다는 거쯤은 알 듯싶어요

서천도서관 열람실 내에서

며칠 전까지만 해도 애들이
끊이지 않았는데 오늘은
우당탕 몰려다니는 움직임도
찡얼대며 엄마를 부르는 옹알이도 없다
그 자리를 다 큰 어른이
의기양양하게 휴대폰을 받는다
낯선 마음이 스며들어 관대함은 속 좁게
좁아지고 스멀스멀 투덜대는 나 자신에게 놀라
서둘러 자리를 떴다

찔레꽃을 좋아하는 이유
— 그 당당함에 관하여

찔레꽃이 필 때면
울타리마다 장미는 당신 보라는 듯 붉게만 익살을 부린다.

철부지 시절에 들었던 시샘이라는 지극히
원초적인 감정이 이 나이 먹어서도 살아나
가슴 안으로 천연덕스럽게 파고든다.

'누가 누굴 시샘해!'

어느 산골소녀의 하얀 교복을 닮은 달보드레한 여린 꽃잎이
이웃의 낯선 눈길에도 아랑곳없이
거기, 펴있다.

제3부

나에게 묻다

천명

지금 나는 소방관으로 산다. 그 삶이 은은하게 몸에 밴지 20년이 넘었다. 여기에서의 삶은 늘 흥분이 멈추지 않는 일상이라 말해도 과하지 않을 듯싶다. 전혀 경험해본 적이 없는 새로운 세상과의 만남 때문이다.

그렇다고 나의 삶이 눈에 띄게 도드라진 향기를 담아내거나 자아내는 건 아니다. 그저 밋밋하지 않을 정도다. 소방관의 삶은 생과 사의 경계에 맞닿아 서서 현재의 시간만 볼 뿐이니 얼마나 근시적이겠는가.

그럼에도 불구하고 그 시간이 중하지 않을 수 없다. 그 경계에 선 삶은 치열하리만큼 그 시간에만 매달린다. 이게 소방관의 숙명이자 운명이다. 한치 앞도 보이지 않는 때로는 볼 수조차 없는 칠흑 같은 어둠속을 한걸음 내딛으며 두려움을 몰아내는 심장을 스스로 달래고 토닥이며 그 시간을 잠재운다. 이것이 나에게 주어진 천명이 아닐까.

유혹

어느 삶이 됐든 낚시에서의 미끼처럼 찰나적으로 찾아온 유혹에 약한 듯싶다. 소방관의 관점에서 말하는 것이지만 다급해진 현장과는 달리 사단은 밋밋한 미끼에 걸려든 것에 불과한 경우가 대부분이다.

찰나적이지만 그 미끼를 무는 순간, 한 개인이 감당 못할 사고가 뒤따른다. 이 현장이 수습되는 내내 사고 당사자는 이래저래 조심했음에도 그 미끼를 문 것에 대한 후회가 넘쳐난다.

다행스러운 건 생명에는 별 지장이 없다는 것으로 만족할 따름이다. 소방관에게 있어서 생명보다 더 깊은 감사함은 존재하지 않는다. 어느 누구든 도로를 달릴 때, 갑자기 찾아온 매혹적인 미끼에 넘어가지 않기를 바란다.

조급함과의 거리두기

 한통의 전화가 걸려왔다. "119입니다"란 말을 꺼내기도 전에 다짜고짜 "우리 집에 불났어요!" 말 한마디 던지곤 끊어졌다. 누가 봐도 십중팔구 장난 전화일 가능성이 짙다.

 그럼에도 불구하고 이런 전화를 받으면 참으로 난감하다. 확인되지 않은 것에 대한 불안감 때문이다. 재차 확인해야할 일이 생긴 거다. 잠시 머뭇거릴 것도 없이 수보대 전화선 전체에 일제히 빨간 불이 들어왔다. 다행이 주변 사람들이 연기를 보고 전화를 해준 거다.

 다급하고 조급해진 상황에 맞닿은 마음이 얼마나 놀랐겠는가. 이를 겪어보지 않은 마음은 뭘 해야 하는지를 명쾌하니 잘 안다. 그런데도 그걸 직접 겪는 마음은 뭘 해야 하는지를 잊어서 그런 게 아니라 그걸 한 번에 다해야하는 조급한 마음이 몸을 분주하게 만들어놓아서 그런 거다.

무기력증

태풍이 올라오는 날에는 몸이 먼저 긴장을 한다. 누구나 별 피해 없이 지나가길 바라는 마음이야 같겠으나 나는 더 간절히 바란다. 어느 해든 이 바람에는 변함이 없다. 그러한데 나의 간절한 바람과는 다르게 이번 태풍은 먹구름을 잔뜩 몰고 와 큰 상처를 남겼다.

이런 날에는 119 상황실 전화선은 만통이 된다. 그래서였을까. 나의 개인전화로 "어데 오는데?" 몹시도 격앙된 목소리로 따지듯이 말을 건네는 사람이 있었다. 영문을 몰랐던 나는 "지금 도착해서 현장 활동하고 있는데요!"라고 말했건만 "왜 거짓말 하냐는 둥… 이름이 뭐냐는 둥…" 반 협박성 말을 거침없이 쏟아냈다.

그럼에도 불구하고 나는 미련스럽다할 정도로 한참동안 그의 말을 끊지 않고 들었다. 태풍이 몰고 온 물 폭탄으로 시시각각 차오르는 물만큼이나 시골노인의 마음이 다급해졌기 때문이다. 이런 상황에서는 누구나 다급하고 조급해진다. 우리 역시 마찬가지다. 하나라도 더 해결하려는 노력으로 몸조차 가누기 힘든 상태에 빠졌다.

이런 날에는 소방관이 너무 부족해서 미안한 마음이 더 깊어진다. 그저 무탈하기만 바라는 무기력증에 빠져 스스로를 탓할 수밖에 없는 현실이 안타깝다.

과유불급

여기에 첫발을 디뎠을 때의 기억이 잊히지 않는다. 개인 복장으로 출근해서 한순간에 군인이 된 기분이었다. 지금은 사라진 제복이지만 마치 군복처럼 생긴 낯선 제복을 입히더니 그 시간부로 현장근무에 임했던 게 엊그제 같다. 지금 생각해 보면 말도 안 될 아찔한 첫날이었던 듯싶다.

뭘 알고서 시작한 게 아니었다. 어떤 교육이나 훈련 과정도 없이 제복을 걸치자마자 소방관이 됐으니 마음이 얼마나 떨었겠는가. 근무 환경도 낯설었지만 야간 근무가 이어지는 내내 한시도 불안이 가시지 않았다. 첫날을 그렇게 두 눈 부릅뜬 채 샜다. 그 하루가 기나긴 긴장된 삶이었다.

그러한데 이 삶이 몸에 배게 될 줄은 그땐 몰랐다. 조금만 지나면 이 또한 익숙해지고 편안해질 거라 믿었다. 이 삶 자체가 긴장의 연속이란 걸 미처 몰랐다. 지금이야 이 삶은 긴장이 없으면 아무것도 안 된다는 걸 잘 안다. 위험하고 험난하고 고된 상황이 급박하게 오니 항상 긴장의 끈을 놓고 있을 수 없는 처지가 됐다.

그러함에도 여기에서는 고장난 라디오처럼 20년 내내 들어야만 하는 소리가 있다. 그건 항상 긴장하라는 소리다. 이 삶 자체가 긴장으로 똘똘 다져진 몸인데 거기에 더 다지고 다진다면 고된 상황에 대응할 감성적 여력이 남아 있을까 싶다. 과유불급이라 했던가. 지나친 긴장은 이 삶을 더 소극적이고 나른하게 하는 묘한 심술보다.

나에게 묻다

 진부한 얘기겠지만 당신은 삶을 즐기며 사는가. 어느 누구나 스스로의 삶을 돌아보며 스스로에게 묻게 되는 화두다. 때로는 집요하게 스스로를 채찍하며 현재를 확인하는 경우도 있으니 얼마나 위대한 화두인가. 그러한데도 이 물음에 스스로 명쾌하고 속도감 있게 답하는 경우는 드물다. 아마도 화끈하지 못할 불편한 기분이 도사리고 있어 마음이 좀 더 신중을 기하려는 태도 때문일 거다.

 나 또한 그러하다. 여느 삶 중에서도 소방관에게 있어서 현재의 삶에 대해 즐기거나 만족을 논할 처지의 삶이 아니다. 위급하고 다급해진 상황에 처한 사람을 구해야하는 삶이 천직이 된 숙명 앞에서 현재의 삶을 묻는 자체만으로도 조심스러움으로 다가올 뿐이다.

스스로 이겨내기

첫사랑처럼 순수한 유희의 감정이 휩쓸고 지나간 자리는 오래도록 애틋함으로 남는다. 특히 소방관에게는 첫사랑처럼 오래도록 기억되는 게 첫 출동이다. 그럼에도 불구하고 더러는 찌꺼기인데도 오래도록 남아 고통을 안겨주는 것들도 많다. 나는 첫 출동보다도 더 짙은 찌꺼기로 남아 있는 교통사고 현장이 여전히 생생하다. 처참했던 현장이었는데도 그 장면들은 온데간데없이 사라졌다. 단지, 차량 충돌로 인해 운전석까지 파고든 충격으로 운전자의 발목의 뼈까지 보이는 개방성 골절만이 유일하게 기억에 남아 고통을 자아내곤 한다. 이게 외상 후 스트레스 장애인 걸 한참이 지난 후에야 알았다. 달리 처방 없이 무던히 현장을 누비며 그보다 더 끔찍한 장면들을 목격하였음에도 이를 이겨내지는 못했다. 그만큼 처음 겪은 그 장면은 주홍글씨로 남아 지금까지 사라지지 않고 이유 없이 문득 떠올랐다가 한참동안 고개를 갸우뚱해야 진정되곤 했다. 게다가 이런 장애를 나 혼자만 겪고 있는 게 아니어서 더 고통으로 남는다. 그래서인지 매순간 스스로 이겨내는 것으로 족할 따름이다.

시계추

 어른들에게서 들었던 이야기다. 호랑이가 무서울까. 사람이 무서울까. 어른들은 이구동성으로 "사람이 무섭다" 했다. 분명 호랑이가 힘도 세고 몸집도 사람과 비견할게 되지 않는데 말이다. 지금에 와서야 어른들의 말을 이해할 듯싶다. 물론 호랑이가 무섭다. 힘으로나 위압감으로나 호랑이를 도저히 이길 수가 없을 듯하다.

 그러한데 나의 삶이 화마와 싸우고 험난한 상황을 해쳐나가는 게 다반사다보니 이럴 때마다 찾아오는 공포와 두려움을 심장이 이겨내는 걸 알았다. 놀란 심장이 터질 듯 뛰지 않는가. 그럼에도 불구하고 그마저도 스스로 어르고 달래가며 이겨내는 걸 수없이 겪었다. 때로는 감정적으로 긴장된 표정이 역력하게 보일지라도 나름 침착하게 수습하고자 비지땀을 흘린 경우도 있다. 도대체 뭐가 공포와 두려움을 이겨내게 하는 걸까.

이제 나는 안다. 그 상황에 처하면 가슴 안은 자신조차도 전혀 몰랐던 용기가 슬기롭게 샘물처럼 솟아난다는 걸. 이러하니 사람만큼 무서운 존재는 없는 듯싶다. 어떤 어려운 상황에 처하더라도 이를 극복하려는 사람의 용기는 끝이 없을 테니 말이다. 이것이 좌우명처럼 나의 시계추가 됐다.

낯선 용기

 사람이 다니지 않는 그 시간에 화마에 휩싸인 집이 최성기를 지나고 있었다. 현장에 도착하자마자 사람들이 이구동성으로 그 안에 사람이 있다고 외쳤다. 다급하게 불을 잡아봤지만 이미 탈만한 건 다 탄 후였다. 새벽녘에 난 불이니 초기에 발견하기가 여간 어려웠을 거다. 사람이 잠든 사이에 난 불이 얼마나 무서운가를 두말해서 뭐하겠는가. 이 시간에는 대체로 무서운 불이 돼 사람의 생명을 앗아가곤 한다. 그러한데 사람이 나오지 않았다하니 검게 탄 잡다한 것으로 뒤엉킨 바닥을 하나하나 치우며 찾을 수밖에 없었다. 한참이 흐른 뒤에 혹시나 안에 사람이 없었던 건 아니었나하는 의구심이 들쯤에 낯선 검은 물체가 나의 눈에 띄었다. 직감으로 사람이라 느꼈는데 아니나 다를까 그 집 주인이었다. 처음 겪어본 일이지만 화마에 휩싸인 사람의 모습이 상상 그 이상으로 초라해서 흠칫했다. 덩달아 우울해진 기분이 짙게 가슴 안으로 파고들었다. 이런 감정적 격동에도 불구하고 어떤 상황에서든 유별난 담력이나 힘보다는 더 절절한 건 용기였다. 현실을 직시하여 자신을 헤쳐나가도록 소방관에게 준 신의 선물이 용기가 아닐까.

친절한 구급대원

동료로부터 들은 얘기다. 우리 동네에 김상사가 산다. 그의 신분을 잘 아는 사람은 없다. 그러한데도 여기에서 그를 부를 때는 김상사로 통한다. 분명 이름이 있을 텐데 말이다. 어느 팀이 됐든 사무실에서 그의 얘기가 한두 번 회자되기 시작하더니 어느새 우리들의 이야기꺼리가 됐다. 요즘 들어서 부쩍 그의 구급요청이 느는 듯했다.

그런데 가보면 별스러운 것 없이 신세한탄으로 그치는 경우가 많았다. 나중에 안 얘기지만 어느 팀의 구급대원이냐에 따라 그의 신세한탄의 강도가 달라졌다. 우리 팀이 갔을 때는 무척 까칠하고 거칠게 대해 난감할 때가 한두 번이 아니었다. 그만큼 우리 구급대원이 그의 얘기를 잘 들어준다는 방증이었다. 이러하니 구급대원이 갖추어야할 게 응급처치 능력뿐 아니라 인내도 필수인 듯싶다.

이 현상을 나름 잘 이겨내는 중이었는데 오늘은 두 번이나 그의 지루한 신세한탄을 들어줬는데도 또다시 119를 부르기에 병원까지 이송해드렸다 한다. 그러한데 그는 집에서부터 이송병원에 도착할 때까지 거친 욕설을 우리 구급대원에게 퍼부어 참으로 난감했다고 하니 구급대원의 친절한 책무가 어디까지인지 새삼 고민스럽다.

자기부정

발만 동동 굴렀다는 한탄이 주변에서 메아리쳤다. 생명을 앗아가는 연기가 자욱하게 창가에 가득 차오르더니 삽시간에 농연 속으로 사라진 사람의 마지막 몸짓, 절규 그리고 그의 눈빛이 또렷했는데도 달리 스스로는 손쓸게 없었으니 이보다 더 절망적인 현실은 없을 듯싶다.

다행스러운 건, 바로 옆 건물에서 크레인 작업하던 한전 아저씨가 달려와 그 창살을 걷어내 힘없이 꺼져가는 한 생명을 구했다. 그럼에도 불구하고 그 농연은 여러 사람의 생명을 앗아갔다. 이 광경을 지켜본 사람은 스스로 자기부정에 빠진다. 그 상황에서 꼼짝달싹하지 못했던 스스로의 행동들 하나하나를 부정하여 기억에서 지운다.

그런다고 다 지워지는 게 아니었다. 어느 날 문득 그 광경이 다시 떠올라 다시 부정하여 지워야만 했으니 이 또한 얼마나 고통스러운가.

소방관만이 외상 후 스트레스 장애에 시달리는 건 아니다. 이런 광경을 목격한 모든 사람이 겪는 거다. 이게 외상 후 스트레스다. 이러하니 자기부정에 빠지는 것 너무 당연하지 모른다. 그럼에도 불구하고 들려드릴 얘기는 소방관들은 이 광경들을 반추하여 더 능동적으로 현장을 대응하는 삶으로 이를 이겨내려 한다는 것이다.

어떤 역경이 됐건 스스로를 반추하여 따뜻하고 포근한 능동으로 사고하고 행동한다면 이보다 더 좋은 변화는 없을 듯싶다.

분명하게 말하기

 이따금 요상한 구급이 걸려 마음이 고생했다. 술을 먹었는데 가슴이 답답해져 병원에 가야겠다고 신고가 들어왔다. 이 경우에는 응급환자가 아닌 단순 이송 요구자로 분류돼 부담을 갖지 않고 출동했다. 그런데 현장에 도착하니 요구조자가 가슴을 움켜쥐고 거친 호흡 등 생체리듬상태가 좋지 않아 깜짝 놀라지 않을 수 없다. 음주로 인한 호흡수 증가나 가슴 통증의 증상이 아니었다. 이 요구조자는 분명 과거병력이 있는 환자인데 이 사실을 알리지 않고 현재의 상태만 말해줘서 현장에서 적잖이 당황했던 기억이 생생하다.

 어떤 사람은 증상을 과장되게 신고해 가능한 수단으로 신속하게 현장에 도착해보면 생체리듬이 극히 정상이어서 나 자신이 오히려 어이없어 당혹스러움을 겪는 경우도 있다.

 그런데 왜 이런 일이 생기는 걸까. 신고자가 의사처럼 처방전을 써내려가듯 신고하길 바라는 게 아니다. 단지, 119로 도움을 요청할 때는 신고내용이 정확하고 구체적인 증상이면 된다. 그래야 출동 중인 구급대원이 도착하여 어떤 응급처치를 할 것인가를 사전적으로 준비해둘 수 있는 거다. 이보다 더 효율적인 응급처치 준비는 없다.

이처럼 신고내용에 따라 구급대원의 마음가짐이 달라지니 말이다. 현장에서 우왕좌왕하는 구급대원을 바라지 않는다면 과거병력과 현재의 증상 등을 세세하게 전해주는 신고자의 용기가 더 중하다.

도망치기

손자병법 중에 36계는 도망이다. 도망이 얼마나 중하면 병법으로까지 연구했겠는가. 그만큼 도망칠 줄 알아야한다는 얘기일 텐데 그게 말처럼 쉽지 않다는 방증이기도 하다. 특히 화재나 목숨이 위태한 재난현장에 갇힌 사람에게는 더 그러하다. 앞이 먹먹하고 막막해진 위기상황에서 스스로 판단하여 위기를 벗어난다는 건 거의 불가능에 가깝다.

어느 아파트에서 일어난 일인데, 화재경보가 울리고 있음에도 불구하고 이웃 집안에서는 어느 누구도 나와 보질 않았다. 게다가 집밖으로 나온 사람들도 구경삼아 나왔을 뿐, 대피를 하는 사람은 아무도 없었다. 아마 그런 생각조차 하지 못하고 있었던 게 분명했다. 그 상황 속에서 자신은 연기나 불이 번지더라도 충분히 빠져나갈 수 있다는 자신감이 충만해서 그런 것이 아니었을까. 이처럼 대부분은 눈앞에 위기가 일어났음에도 그 위기가 곧 자신에게 닥칠거라는 생각은 미미하다.

이런 상황에 익숙한 나로서는 "무조건 대피하세요"를 당부하고 싶다. 어느 누가 묻든 "불이 났을 때나 화재경보가 울릴 때에는 주저하지 말고 무조건 그곳에서(거기서) 도망치는 게 상수다"라고 전해주고 싶다. 이것만이 자신의 생명을 스스로 구하는 귀한 행동이 되니 더없이 중요하다. 혹여, 주저하다가 어떤 우를 범할지 어느 누구도 모른다. 아무튼 도망치고 보자!

때늦은 후회

 폭발사고가 났다는 신고가 들어왔다. 들녘 한가운데에 있는 마을 창고에서 일어난 사고였는데 먼 곳에서도 육안으로 치솟는 농연을 확인할 수가 있었다. 그만큼 화재가 크다는 방증이다. 현장에 다다르니 눈에 띈 건 두 사람이 웃옷을 벗은 채 어찌할 바를 몰라 하며 서있는 거였다. 가까이 다가갈수록 그들이 화상환자라는 확신이 들었다. 그을린 머리카락, 검정이 묻은 바지, 그리고 발갛게 붉어진 피부 등… 뭐로 보나 3도 이상의 화상이었다. 구급차량 내에서 화상이 깊어지지 않도록 식염수로 화기를 식히는 응급처치가 이뤄지는 내내 그 화상환자는 살 수 있겠느냐… 괜찮겠냐… 담배만 안 폈어도… 온갖 염려와 걱정 그리고 때늦은 후회를 쏟아냈다.

분별

가끔씩 정신병원에 입원을 원하는 가족을 만난다. 요구조자 스스로 입원을 원하는 경우보다는 가족에게 고통을 안겨주는 행동들로 인해 가족이 원하는 경우가 더 많다.

그날도 입원을 돕기 위해 현장에 도착했는데 집안에는 젊은 아주머니와 할머니 두 분이 계셨다. 우리가 집안으로 들어가자마자 방안에 앉아있던 아주머니가 부엌에 계신 "할머니를 모시고 가라"고 부엌을 가리켰다. 의심할 것도 없이 할머니에게 "병원 가시게 나오세요?"했더니 할머니께서 "안방에 앉아 있은 게 데려가면 돼!" 말씀하시는 게 아닌가. 찰나로 아찔한 생각이 들었다.

정신질환이란 게 흔히 잘 알려진 뜻과는 달리 이를 현장에서는 분간하거나 구별하기가 만만치 않다. 어떤 요구조자는 난동을 행하다가도 구급차나 경찰차가 도착하면 '언제 그랬냐는 듯 얌전하니 순한 양이 돼' 그의 상태를 가늠할 수 없는 경우가 왕왕 있다.

슬기로운 축복

그에게는 음주에 빠지는 날이 따로 없었다. 거의 늘 술에 취해 갈피를 잡지 못한 채 한참을 배회하다가 끝내는 병원으로 가는 신세였다. 그게 그의 상습적인 습관이란 걸 그때는 알지 못했다. 매번 아프다고 하니 병원에 이송해드리는 것으로 족했다.

점점 더, 시내 허름한 선술집 앞에서… 한적한 사거리에서… 가끔은 산중턱에 있는 자신의 집에서… 아프다는 핑계를 대며 병원까지 이송을 요구했다. 게다가 꼭 두세 명의 동무가 동행했는데 이 모든 게 교통비를 아끼기 위한 병든 몸짓에 지나지 않았다.

(틈틈이) 구급차를 얌체로 이용하는 건 아니 된다고 신신당부했건만 그들의 그 행위는 사그라지지 않았다. 언제나처럼 그는 구급차를 당당하게 때로는 편리하게 탑승했다. 그런 그가 바람처럼 사라졌다. 덩달아 그와 동행하던 동무들도 흩어졌다.

몇 해가 흘렀다. 공교롭게도 응급실에서 그를 만났다. 마치 그가 아닌 듯한 착각마저 들 정도로 그의 생김새는 예전의 까무잡잡하고 술에 찌든 얼굴이 아니었다. 훤칠하니 우윳빛 얼굴을 가진 그였다. 그가 먼저 반갑게 인사했다.

"저 술 안 먹어요!"
"그렇게 보여요!"

이만한 인연으로 만난 게 너무 좋았다. 사람이 좋은 방향을 향하여 착하게 변하는 것만큼 슬기로운 축복은 없다.

불편해보기

목소리 큰 사람이 이긴다는 말이 있다. 뭐가 됐든 큰 소리부터 치고 봐야한다는 뜻쯤으로 통하는데 소방에서도 민원과 관련하여 큰 소리 치는 사람이 이기는 경우가 너무 많다. 당당하게 거절할 부분은 거절해야 할 것 같은데도 민원이라는 미명아래 다 들어준다. 이러하니 누가 앞장서서 악역인 듯한 총대를 메려하겠는가. 그저 착한 척으로 더 마음을 얻는 게 나으니 말이다.

때로는 말도 안 되는 민원임에도 자신은 착한 척 거부하지 못한 채 그 일을 아래로 내려 보내 책임지라는 그 자체만으로도 아이러니하게 자기모순에 갇힌다. 여하튼 아닌 건 아니라고 거절하거나 거부하는 게 중하다. 오늘만 살 듯 그렇게 당당하게… 불편해지는 것도 좋을 듯싶다.

어설픈 풍문

본인의 의사와는 무관하게 낯선 소문이 떠돌아 뜻하지 않게 외로움을 겪는다. 더 낯선 건 그 누군가는 그 풍문을 즐기며 칼춤을 춘다는 거다. 게다가 칼춤 추는 이가 나름 힘깨나 쓰는 자리에 있는 者이니 더 곤욕스럽기 그지없다. 그 누군가의 힘을 이용할 줄 아는 者의 교묘한 세 치의 혀에 의해 동료가 괴롭힘을 당하는 꼴이니 이를 두고 볼 수만은 없는 일이나 이러함에도 달리 도와줄 게 하소연을 들어주는 것뿐이니 왜소함이 깊어진다. 이 풍문의 전모는 너무 조악했다.

그러한데도 그 쓰나미에 휩쓸린 분위기는 얼토당토않게 고통을 안겨줬다. 그 춤사위가 자자들 때까지 스스로 고스란히 이를 견뎌야만 했으니 더 개탄스럽다. 이 모사에 누가 놀아난 것인지를 알긴 하는 걸까. 어느 장단에 춤 추냐에 따라 아리따운 무희가 되거나 때로는 사람 잡는 선무당이 된다. 세 치의 혀에 놀아나는 이이제이以夷制夷는 당하지 않는 게 상책이다. 그 어리석음을 고스란히 본인이 떠안게 되니 경계할 일이다.

불쾌한 모멸감

요구조자를 이송하다보면 뜻하지 않게 이런저런 얘기를 나누게 되는 경우가 많다. 대체로 좋은 정보를 제공하는 차원에서 이루어지는 얘기정도지만 이 또한 나름 뿌듯함이 깃든다.

그런데 이게 탈을 냈다. 그날은 장항 인접지역에서 구급요청이 들어왔다. 평소대로 출동하여 불편함 없이 요구조자가 원하는 군산지역 병원까지 이송했는데 그걸로 끝난 게 아니었다. 며칠이 지나서 그 요구조자로부터 민원이 접수됐다고 하여 깜짝 놀랐다. 기억할 만한 생체리듬에 특이한 이상이 없는 요구조자였는데 민원이라니 이해가 가지 않았다.

이 일로 경위서를 쓰게 됐는데 관리자는 민원의 내용도 알려주지 않은 채 구급활동 내용을 소상히 쓰라고만 하니 불쾌한 모멸감이 스멀스멀 스며들었다. 세세히 써봤자 119이용에 절절히 도움 되는 정보를 제공한 것 외에는 별다른 얘기를 나눈 게 없었으니 말이다. 이 일의 진상이 밝혀지는 데는 오래 걸리지 않았다.

이 사달의 시작은 요구조자가 병실 사람들과 대화중에 구급차 이용한 것을 좀 과장되게 허풍떤 게 화근이었다. 그 요구조자의 허풍에 그만 흥분한 병실 사람이 민원을 재기한 것이니, 관리자가 요구조자를 찾아갔을 때 그 요구조자가 더 당황스럽고 곤혹스러워하며 극진히 사과했다 하니 더 말해서 뭐 하겠는가.

이웃사촌

이웃사촌이란 말이 있다. 어지간히 친하다는 말이겠으나, 먼 사촌보다 낫다는 속뜻이기도 하다. 그만큼 이웃이 가까우니 잘 지내라는 뜻이 깊은 듯싶다. 어쨌든 이웃과 친해야 좋은 건 두말할 나위 없다. 예전에는 옆집에 숟가락이 몇 개이고 쌀독에 몇 되 남았는지까지 알고 지낼 정도였으니 이웃이 어떤 사이인지를 가늠할 것 같다.

그런데 주거환경이 변하면서 콘크리트 벽에 갇힌 삶이 되었다. 이렇다보니 이웃과 인사하며 지낸다는 게 여간 어렵지 않다. 우연히 이웃의 살림을 알게 되는 눈길조차도 천박한 오지랖쯤으로 여기니 이웃을 살피는 게 불편하지 않을 수 없다. 이러하니 어찌 허물없는 이웃이 되겠는가.

여기 소방에서는 동료와 이웃으로 산다. 그것도 허물없는 이웃으로 말이다. 동료가 이웃사촌이란 말이 낯설게 들릴 수도 있겠지만 여기서는 전혀 낯설지가 않는다. 365일 중 반 정도를 한 공간에서 같이 먹고 휴식하며 생사生死의 현장을 누비는 내내 어느 이웃보다도 더 속내뿐 아니라 살림까지도 자연스레 알게 돼 어느 허물도 허물이 되지 않는 이웃이 됐다.

체력

소방관에게 있어서 운동은 필수다. 체력이 있어야 현장 활동에서 자신뿐 아니라 시민의 안전까지 확보할 수 있게 되니 이를 잘 아는 소방관은 스스로 운동을 찾아서 한다. 예나 지금이나 청사 앞이나 뒤에 조그마한 공간이나 공터만 있어도 뭔 운동이 됐든 동료들로 북적거린다. 이게 나름 동료애를 북돋아준다. 서로 승리를 향해 하나가 돼 즐기는 것만큼 화끈한 열기를 뿜어내는 건 없으니 말이다. 그 열기에 취해 하나가 되다 보면 어느 현장이 됐든 든든한 감성으로 손짓발짓 하나로도 통하는 움직임이 돼 극렬히 민첩해진다.

그런데도 가끔씩 뜻하지 않은 오해를 받는다. 왜 소방관들은 놀기만 하냐고 말이다. 이런 오해를 받을 때마다 달리 할 말이 없다. 그게 노는 것으로 비춰지는 건 맞을 듯싶어서다. 그럼에도 불구하고 소방관은 잘 놀고 잘 뛰어야 그리고 체력이 있어야 사자와 같은 심장으로 현장을 극복해낸다는 사실에는 변함이 없다. 그렇지 않으면 여느 누구나처럼 소방관도 생사生死의 경계에 서서 당황할 듯싶다.

응급처치

 이 생각만 떠오르면 입가에 미소가 배시시 보름달처럼 밝아진다. 나 스스로에 대한 가치와 대견함을 느끼게 된 경험이니 그렇다. 소방관이 된 지 오래지 않아 뜻하지 않은 구급출동을 하게 됐다. 그때까진 구급대원의 자격요건이 까다롭지 않아 적십자사 응급처치 교육 수료로 구급을 할 때였다. 그날은 구급대원이 연가를 가게 돼 부득이 보조자로 탑승하게 됐는데 나는 응급처치 교육조차 수료하지 않은 새내기 소방관에 불과했다.

 가는 날이 장날이라 했던가. 의식도 없고 호흡도 없다는 신고가 들어왔다. 선임 구급대원은 그냥 가기만 하면 된다고 말했지만 나의 속은 그렇지 않았다. 긴장된 심장이 현장에 다가갈수록 뭘 해야 하는지를 아무것도 모르는 무지로 인해 사이렌소리만큼 뒤엉켜 요동쳤다.

아니나 다를까. 쓰러져 있는 노인의 곁에 손녀가 통곡하며 어쩔 줄을 몰라 하고 있는데 나조차 어찌할 바를 몰라 한다는 게 영 내키지 않는 상황이었다. 그래서였나. 달리 할 줄 아는 게 없는 줄 알았는데 나 스스로가 심폐소생술을 하는 게 아닌가. 게다가 구강 대 구강 호흡을 실시하며 가슴을 압박하는 것까지… 돌이켜보니 직장훈련에서 눈요기로 익혀둔 응급처치가 이렇게 긴요하게 쓰일 줄은 미처 몰랐다. 지금이야 전문 교육은 물론이요 응급구조사 자격증이 있어야만 구급대원이 되니 이것 또한 격세지감으로 와 닿는다.

고달픔

 어느 구급현장에서 있었던 일이다. 주취자酒醉者가 인도의 화단에 쓰러져 있다는 신고였는데 현장에 도착하여 보니 화단에 쓰러져 있는 게 아니었다. 그 주변을 배회하며 오가는 행인에게 시비를 걸고 있었다.

 이런 경우에는 경찰에 통보하여 상황을 수습하는 수순을 밟는데 돌연히 주취자가 우리 대원의 머리카락을 낚아 쥔 상황이 발생했다. 몇 번을 어르고 달랬건만 상황은 호전된 게 없이 대치국면이 지속됐다. 그런데 경찰차가 도착하여 "그 머리카락 하나라도 뽑으면 바로 입건하겠다"는 경찰관의 말 한마디에 언제 그랬냐는 듯 손을 풀었다.

 이게 낯설게 느껴진 건 경찰관이 무서워서 또는 입건이 두려워서 손을 풀었는지 모르지만 구급대원에게 폭행이 가해지면 업무방해나 공무집행방해로 입건될 수 있다는 걸 모르는 듯했다. 그럼에도 불구하고 이런 상황이 익숙한 듯 그 대원은 극히 조용히 거기를 벗어났다.

어느 부부

　월명산 중턱에 형성된 마을이 있다. 그곳에 환자가 살고 있다. 거동이 불가능한 아주머니인데 아저씨의 돌봄이 극진했다. 아주머니의 손발이 돼 산다고 하니 존경심이 절로 났다. 그런데 젊어서는 전혀 그러하지 않았다 한다. 아저씨는 밖으로만 나돌아 다니다가 아주머니가 쓰러진 날부터 저리 극진하게 돌본다 했다. 젊어서는 어떤 부부였든 간에 지금의 모습에서의 부부는 참으로 다정다감할 뿐이었다. 그래서였을까. 아주머니의 얼굴은 늘 맑고 밝았고 아저씨는 공손하고 유순함이 넘쳐흘렀다. 나는 이들 부부를 만날 때마다 마음의 맑음을 얻었다.

고독

한때 구급사전예약서비스를 시행한 적이 있다. 거동이 불편한 고령의 시민을 진료실뿐 아니라 집에까지 모셔다 드리는 원스톱구급서비스 지원이었는데 이 수혜를 받은 시민들로부터 큰 호응을 받았다.

이 구급사전예약서비스를 이용했던 할머니 한 분을 그때 알게 됐다. 명산동 주택가에 사셨는데 고풍스럽다할 정도의 작은 정원 안으로 디딤돌로 좁다랗게 길을 내서 안채까지 걸어 들어가는 구조였는데 이 정원 길을 걸을 때마다 꽃과 나뭇잎 사이로 내려앉는 햇살의 익살에 눈이 부셔라했다. 홀로 사셨던 할머니는 우리가 손님인 듯 늘 차를 대접하려 했는데 극구 사양한 후에야 자리에서 일어나 병원으로 향할 수 있었으니 외롭고 고독한 삶이란 게 뭔지를 어렴풋이 느껴졌다. 안타까운 일은 우리의 본분이 긴급을 요하는 환자를 이송하는 게 목적이다 보니 이 특수시책은 그리 오래 지속되지 못했다.

지금도 그 할머니가 기억나는 까닭은 콧등에 걸친 안경에 초점을 맞춰가며 책을 읽은 모습이 눈에 선하기 때문이다. 도열하듯 정연하게 꽂아진 책과 벗이 된 세월만큼 어두컴컴한 방안 공기에서 짙게 묻어나는 고독이 구석구석 깔려있었던 그 촉감이 여전히 잊히지 않는다.

절망

초기진압 작업하는 과정에서 뒤엉켜진 물건들 사이로 여린 아이 둘이 의식을 잃은 채 쓰러져 있는 걸 발견했다. 어찌 할 수 없는 상황이었으나 그럼에도 불구하고 가슴이 멍해지는 건 찰나로 몰려온 절망 때문이었다. 이 연기를 이겨낼 수 있을까. 이 열기를 이겨낼 수 있을까. 다행스럽게도 병원 후송 후에 건강이 회복했다는 얘기가 한참 후에 들려왔다.

지금도 그때의 상황이 뇌리에서 떠나지 않는다. 왜 그걸 알아채지 못했을까. 단순히 문을 잠가놓기 위해 노끈으로 바깥 문고리손잡이를 칭칭 감아놓은 줄 알았다. 그런데 그게 아니었다. 부모가 외출하면서 아이들이 밖으로 나와 말썽을 피울까봐 걱정돼서 바깥 문고리를 잠가놓느라 그렇게 한 것이었다.

그게 화근이 됐다. 아이들이 방안에서 불장난 한 게 걷잡을 수 없이 번졌던 거다. 아이들이 밖으로 나가고자 얼마나 발버둥 쳤겠는가. 그런데도 열리지 않는 문 때문에 그 여린 눈동자에 절망의 늪이 얼마나 깊게 드리워졌겠는가. 이 파편이 지금까지 나의 폐부를 짓누른다.

궁금하지 않은가

저 사람들은 차 안에서 뭔 얘기를 나누며 현장으로 달려갈까. 궁금하지 않은가. 나도 궁금하다. 다른 소방관들은 뭔 얘기를 나누며 현장으로 향하는 걸까. 내 경험에 비춰보면 특별나게 주고받는 얘기는 없다. 옴짝달싹 못할 좁다란 공간 안에서 서둘러 개인장구를 몸에 걸치느라 힘에 겨워 터져 나오는 신음소리가 다다.

지금이야, 대체로 아스팔트나 콘크리트로 잘 포장돼 있지만 예전에는 비포장도로를 달려야할 경우가 더러 있어 노면의 상태에 따라 몸조차 가누지 못할 상황에서도 개인장구를 착용해야했으니 좁다란 공간이 안겨주는 고달픔은 고약할 수밖에 없었다.

어느 경우에는 비포장도로를 달려가는 것보다 더 고약한 게 현장이 가까울 때다. 개인장구를 주섬주섬 걸칠 틈도 없이 현장에 도착했을 때의 몸의 당혹감은 대단하다. 그러한데도 뭘 걸쳤는지도 모르고 불로 뛰어들었으니 이런 상황에서의 여유라는 낱말은 허공에 존재하는 사치일 뿐이었다.

경련

 햇살이 짙어지는 화창한 오후였다. 갑자기 의식을 잃었다는 신고가 들어왔다. 슈퍼 내에 들어섰을 때 박스 등 물건들이 어지럽게 흩어져 있는 그 정중앙에 한 아주머니가 누워있었다. 슈퍼 아주머니 곁에 있던 아이는 두 눈 가득 눈물을 머금은 채 보채지 않고 엄마를 지켜주고 있었다. 어안이 벙벙한 눈빛이 여전히 가시지 않았지만 점점 의식이 회복되어가는 아주머니에게 말을 건네려는 순간에도 이 상황을 잘 아는 듯 서둘러 이 자리를 벗어나고파 불편한 몸을 움직이려 애썼다.

 "잠깐만요, 왜 쓰러졌는지 아세요?"
 "네"
 "다친데 없는지 살펴보고요, 이상 없으면 집에 들어가서도 돼요"

 그렇게 살핀 후에 모자母子는 우리의 시야에서 서서히 멀어져갔다. 측은한 듯 지극한 눈빛으로 그 아주머니의 뒤를 바라봤던 슈퍼 아주머니의 얼굴이 생생하다. 누가 됐든 갑자기 발작하며 의식을 잃어가는 사람을 직접 목격하게 되면 적잖이 놀라게 된다. 다행이 슈퍼 아주머니는 침착하게 주변 물건들을 옆으로 치우는 재치는 물론이요 그 꼬마 아이도 돌봐가며 현장에서 입을 수 있는 2차 피해까지 막았으니 그 따뜻한 마음에 절로 감사함이 깊어졌다.

눈길

 밤새 눈송이가 내려앉았다. 사물의 형상이 하얗게 덮여져 갈수록 더 이상 어둠이 존재하지 않는 착각마저 들었다. 이런 날에는 출동이 없기를 소원한다. 도로는 경계선을 잃었다. 이러하니 무조건 안전만 생각하며 달려야하니 고달플 수밖에 없는 출동이 된다. 그렇다고 느릿느릿 갈 수도 없는 게 현실이다. 그걸 본인뿐 아니라 시민도 무척이나 싫어라 한다. 이쯤이면 소방관이 얼마나 눈을 질색하는지 알 듯싶다. 소방관은 진저리치도록 눈을 싫어한다. 그렇다보니 눈길을 달려가는 소방관의 심정을 십분 이해해주길 바랄 뿐이다. "왜 늦었냐"는 야속한 말을 듣지 않는 것만으로도 포근한 위로가 되니 말이다.

숨바꼭질

월명산에 눈이 내렸다. 밤은 깊어졌는데 귀가하지 못한 사람이 있어 그를 찾아 산에 올랐다. 인기척이 끊어진 눈길을 동료 대원과 동무돼 사이좋게 발자국을 남기며 산허리를 헤매 돌아다니다가 출발점으로 돌아왔는데 그새 눈이 얼마나 많이 내렸는지 좀 전에 지나온 우리의 발자국은 온데간데없이 흩어졌고 발꿈치 뒤로 새롭게 도장 찍은 여섯 개의 발자국이 그림자처럼 남겨졌다. 그 산허리를 몇 번 오고간 후에야 그 사람이 무사히 집에 들어왔다는 소식을 듣게 됐다.

초인적인 능력

월명산은 군산 시내를 오롯이 껴안은 엄마의 품과 같은 형세라서 바다로부터 불어오는 바람을 온후하게 달래주는 고마운 산이다. 또한 그곳의 월명호수는 용천수로 담수돼 지금껏 물이 마른 적이 없었다 한다. 그 호수의 둘레를 설림산이 감싸고 있다. 그리 높지 않은 산이라서 남녀노소 누구나 등산로를 따라 산책을 즐긴다.

그 설림산 정상으로 향하는 산책로에 사람이 쓰러져 있다는 신고가 들어왔다. 그날은 눈이 살짝 내렸다. 어둠이 가시면서 잠시 내린 눈이었다. 현장에 도착하여 그 길을 따라 올랐는데 그 사람을 발견하기가 여간 어려운 게 아니었다. 특히나 눈으로 덮여져있는 그 사람을 그 시간에 분간해낸다는 게 가능하지 않을 것 같았다. 그런데도 아침에 산책 나온 그분이 그 사람을 발견해낸 거다.

놀라움이란 이런 걸 거다. 어찌 그게 가능했을까. 사람의 초인적인 능력에 절로 감탄이 흘러나올 수밖에 없었다. 때로는 흠칫 놀랄 낯섦 때문에 머리털이 곤두서곤 한다. 이를 대부분은 무시한 채 서둘러 그곳을 벗어나려 발걸음을 재촉하게 된다. 그러한데 그분은 그곳에 잠시 멈춰 서서 주변을 살핀 거다. 분명 그분이 아니었다면 그 사람의 생명이 어찌 됐을지 명백하니 더 그러하다. 그 덕분에 한 생명이 구해졌다.

어느 견공犬公

　어느 견공犬公에 관한 이야기다. 삶의 터를 잃은 서러움이란 게 표현할 길 없는 비애 중의 하나임에는 틀림없다. 반려견도 마찬가지다. 요즘 거리를 배회하는 견공이 많다. 그렇다보니 뜻밖의 사고를 당하는 경우가 있다. 작은 견공이 교통사고를 당하여 갓길에서 신음하는 걸 행인이 신고했다. 이런 상황에 직면하면 안타까움에 마음이 "어찌할 줄을 몰라" 하여 더 당황스럽기 그지없다. 하지만 그럼에도 불구하고 인명구조와는 달리 동물구조는 마음의 안타까움에 반해 해줄 게 거의 없어 안쓰러움만 깊어진다. 그래서였을까. 이 감정의 소용돌이를 잘 알았던 동료대원이 먼저 환자시트로 견공의 눈부터 상처부위까지 포근하게 감싸 안아 119안전센터로 옮겼다. 차고의 구석진 곳에 그를 위한 조그마한 자리가 마련됐다. 이게 그의 거처가 될 줄을 아무도 몰랐다.

　동료대원은 동물병원에서 응급치료에 필요한 주사와 약을 받아와 그를 돌봤다. 이 돌봄이 그에게는 힘이 됐던 것 같다. 거동조차 불가능했던 그가 힘겹게 앞발로 움직이기 시작하더니 두 달이 흐른 뒤에는 세 발로 절뚝거렸다. 그러더니 경이롭게도 어느 날부터는 네 발로 걸었다. 시나브로 그는 우리 모두

에게 반려견이 되어주었다. 출동을 할 때면 앞서서 배웅했다가 귀소 할 때는 그 누구보다도 먼저 마중해주니 우리에게서 귀여움을 독차지할 수밖에 없었다. 그랬던 그가 바람처럼 사라졌다. 이 일로 며칠간은 거리를 배회하는 견공에게서 눈을 뗄 수가 없었다. 서서히 잊혀져갈 쯤에 불쑥 눈앞에 그가 나타났다. 반갑게 꼬리를 흔들며 말이다. 119센터에 잠시 머물더니 또 다시 바람처럼 사라졌다. 그 후로는 그를 보지 못했다. 삶의 터를 되찾은 기쁨이란 게 형언할 길 없는 환희 중의 하나임에는 틀림없는 듯하다. 그도 그랬을 것 같다. "그걸 알리려고 일부러 찾아왔던 건 아니었을까" 나 스스로를 위로했다.

선의

 소방관으로 살다보니 뜻하지 않게 선의의 도움을 받는다. 봄이 한창 무르익어가는 날이었다. 시골 마을 앞에 있는 축사에서 불이 났다고 하여 출동을 하게 됐는데 거기까지 가기 위해선 좁다랗게 난 농로를 따라가야 다다를 수가 있었다. 그 농로 중간쯤에서 때 아닌 낭패를 겪었다. 그건 흙으로 포장된 농로가 단단하지 않아 소방차량의 무게를 이기지 못해 바퀴가 옴짝달싹 빠져버렸다.

 이런 일을 당하면 걱정이 태산일 수밖에 없는데 다행이 근처에서 논일을 하는 농부가 어찌 이 일을 알아채고 스스로 트랙터를 끌고 와 단번에 꺼내주시는 게 아닌가. 게다가 사례를 어찌해야할지 묻기도 전에 농부는 먼저 "어이 가봐"하며 손인사를 연거푸 하는 바람에 그저 진심 담아 고마운 인사만 드리고 그 자리를 떠나왔다. 지금 생각해도 그분의 도움에 고맙고 감사함이 깊다. 또한 아무런 사례도 없이 왔다는 것이 여전히 마음의 짐으로 남는다.

고마움

다짜고짜 계란빵 한 봉지를 건네주고 나가시는 아저씨 때문에 사무실 분위기가 순간 당황스러워졌다. 그를 불러 세워 놓고 물어보니 "힘든 일 하시잖아요 그래서 힘내시라고 드리는 거여요, 맛있게 드셨으면 좋겠네요"라는 말을 남기곤 총총히 시야에서 멀어져갔다. 가끔은 이런 일도 있다. 불쑥 문을 열고 들어와 "뭐 먹고 싶은 것 있느냐"고 뭔가를 해주고픈 마음이 물씬 풍기시는 어르신이 계셨다. 어느 날에는 수박 한 덩이를 손수 들고 들어와 "맛있게 드세요"라고 말하며 예전에 구급차를 잘 이용했다는 둥 고마움이 묻어나는 얘기를 한참 꺼내놓은 후에야 자리를 털고 일어나는 구수함이 깃든 동네 아저씨 같은 분도 있었다.

왜 이런 일이 생기는 걸까. 마음이란 게 참으로 오묘해서 직간접으로 느껴온 고마움을 자연스레 표하고 싶어지는 듯하다. 비록 그분들과는 어떠한 인연이 될 만한 일이 없었는데도 우리를 고마운 사람으로 기억하니 고마움이란 게 획일적으로 주고받는 감사의 표시가 아닌 오래도록 깊은 감성의 끈으로 닿아 있는 마음인 듯하여 도리어 더 조심스럽기 그지없다.

이든시인선 014

찔레꽃을 좋아하는 이유

2018년 3월 20일 초판 1쇄 발행

지은이　|　채영석
펴낸이　|　이영옥
편　집　|　김보영

펴낸곳　|　도서출판 이든북
등　록　|　제2001-000003호
주　소　|　(우34625)대전광역시 동구 태전로 43-1
　　　　　(중동. 의지빌딩) 201호
전화번호　|　(042)222-2536
팩시밀리　|　(042)222-2530
전자우편　|　eden-book@daum.net

ⓒ 채영석, 2018
ISBN 979-11-87833-43-7 03810

값 9,000원

* 이 책 내용의 전부 또는 일부를 재사용하려면
반드시 지은이와 이든북 양측의 동의를 받아야 합니다.
* 잘못된 책은 바꾸어 드립니다.
* 지은이와 협의에 의해 인지는 생략합니다.